27
Ln 15196.

10 CENTIMES

BIOGRAPHIE

DU

MARÉCHAL NIEL

1859

NIEL

La promotion du général Niel au maréchalat a été accueillie avec la plus vive satisfaction. Nul ne s'est placé plus haut dans l'estime publique que cet officier général, dont le nom a été mêlé à tous les faits militaires importants qui ont déjà illustré le règne de Napoléon III.

Personne n'ignore que l'Empereur l'honore d'une confiance toute particulière; il la lui a témoignée plus d'une fois, en le chargeant des missions les plus délicates. Cette distinction, de la part d'un prince qui sait apprécier le mérite et la valeur des hommes, avait depuis longtemps fixé l'attention sur le général Niel, et ses éminentes qualités comme ses éclatants services ne permettaient pas de douter que la campagne de 1859 ne l'élevât au plus haut degré de la hiérarchie militaire. Les débuts de la campagne ont déjà montré ce que l'on pouvait attendre du nouveau maréchal, chez qui la science la plus étendue s'allie à la justesse du coup d'œil, à la rapidité de l'exécution, à cette faculté d'intuition qui fait les grands capitaines.

Le maréchal Niel appartient à l'arme du génie ; il commande le 4ᵉ corps de l'armée d'Italie. Ses services précédents, sa participation active à la prise de Constantine, au siége de Rome, à l'attaque de Bomarsund et à la conquête de Sébastopol, le mettaient en évidence et le plaçaient au nombre des généraux entre lesquels devaient se répartir les divers commandements de l'armée d'Italie.

Un motif plus puissant encore peut-être, c'est que, dans son voyage en Piémont, qui a précédé de quelques mois seulement l'ouverture des hostilités, le général Niel étudia attentivement la topographie stratégique de la haute Italie, et résuma dans un mémoire ses observations sur les facilités et les défenses que ces contrées pouvaient offrir dans le cas d'une invasion. Ce travail devait trouver une application plus prompte peut-être que ne le pensait son auteur ; il a été d'une puissante utilité pour les opérations des armées alliées.

Les commencements de la carrière du maréchal Niel montraient déjà en lui cette organisation d'élite, dont les rares aptitudes devaient s'exercer plus tard dans les circonstances les plus difficiles. Né en 1802, il entra en 1821 à l'école polytechnique, et en 1823 à l'École d'application de Metz, où il était sous-lieutenant élève du génie. Lieutenant en 1827, capitaine en 1835, il fit, l'année suivante, partie de l'armée qui, sous les ordres du général Damrémont, alla investir et prendre Constantine. Il s'y distingua d'une manière spéciale; c'est là qu'il obtint le grade de chef de bataillon, qui lui fut conféré par le ministre de la guerre avec une mention élogieuse.

En 1846, M. Niel fut promu colonel; trois ans plus tard, lorsqu'on forma l'armée expéditionnaire qui allait assiéger Rome, il fut appelé à en faire partie, en qualité de chef d'état-major, sous les ordres du maréchal Vaillant. Il y déploya, comme officier du génie, des talents supérieurs, et, comme soldat, une bravoure hors ligne, qui appelèrent sur lui l'attention de ses chefs. Aussitôt après la prise de Rome, le colonel Niel fut nommé général de brigade et chargé de se rendre à Gaëte, auprès du pape Pie IX, pour déposer entre ses mains les clefs de la ville éternelle, que nos armes venaient de conquérir.

De retour à Paris, le général entra dans les comités supérieurs du génie et des fortifications; il fut nommé en même temps directeur du génie au ministère de la guerre et conseiller d'État en service extraordinaire. Il se montra, dans ces différents postes, à la fois homme d'initiative et d'organisation, provoqua d'utiles mesures, et laissa des traces fécondes de son passage au ministère. Ses travaux administratifs lui méritèrent le grade de général de division, auquel il fut élevé le 20 avril 1853.

Cependant la guerre qui éclata alors entre la France et la Russie vint l'arracher à ses laborieuses fonctions. La campagne qui s'ouvrait réclamait le concours des hommes de dévouement et d'action. Il s'agissait d'aller hardiment porter la guerre sur les frontières de la Russie, aux deux extrémités de son vaste empire. Tandis que le gros de nos troupes était envoyé en Crimée, sous le commandement du maréchal Saint-Arnaud, et marchait à la conquête de Sébastopol, une diversion fut tentée dans la Baltique. Un corps d'armée, sous les ordres du général Baraguay-d'Hilliers, aujourd'hui maréchal de France et commandant le 1er corps de l'armée d'Italie, fut chargé d'aller renverser les premières défenses de Cronstadt.

Le général Niel fut appelé à diriger le génie du corps expéditionnaire de la Baltique : c'est dans cette rapide et audacieuse campagne que les connaissances spéciales du général se révélèrent dans tout leur éclat.

Les troupes, embarquées à Calais le 16 juillet et jours suivants, devaient se réunir au nord de l'île de Gothland. Par le seul fait de la présence de toutes les forces navales dans la baie de Ledsund, située à l'extrémité sud de l'île d'Aland, il devenait difficile de cacher à l'ennemi le but qu'on se proposait; mais il faut convenir aussi que ces dispositions avaient l'avantage d'intercepter toute communication entre Aland et Abo et privaient la place des secours que, sans cela, elle eût pu recevoir de la Finlande. Les troupes furent mises à terre, et, dès le lendemain de notre arrivée devant la place, le génie s'occupa de faire des fascines et des gabions. Le général Niel, le lieutenant-colonel d'artillerie de Rochebouët reconnurent les points sur lesquels les premières batteries devaient être établies.

Dans la nuit du 12, on ouvrit les tranchées au moyen de sacs à terre, et cette opération, toujours si délicate en présence d'une place bien défendue, ne nous coûta que très-peu d'hommes, grâce aux bonnes dispositions adoptées. La citadelle nous couvrit de son feu; mais nos artilleurs y répondirent avec tant de précision, que les soldats sortis de l'intérieur des remparts furent bientôt obligés d'y chercher un refuge. L'ennemi, après trois jours de lutte, effrayé des ravages causés par notre artillerie, et reconnaissant que toute résistance était impossible, arbora le drapeau blanc. La place de Bomarsund, avec les trois tours qui en sont les avant-postes, renfermait une garnison de deux mille quatre cents hommes; elle était armée de cent quatre-

vingts pièces de canon et munie d'approvisionnements consi-
dérables. L'intention de la Russie était de faire de Bomarsund
un immense camp retranché pour ses armées de terre et de mer,
dont l'abord eût présenté de grands obstacles, et qui eût été
une constante menace pour les Etats riverains de la Baltique.
Cette glorieuse expédition valut au général Baraguey-d'Hilliers
le bâton de maréchal, et porta très-haut la réputation du général Niel. Anglais et Français, tous les officiers qui avaient
pris part à l'attaque, s'empressèrent de rendre justice à l'habileté des travaux de siége, et la Russie elle-même, qui comptait
sur une plus longue résistance de la part de sa forteresse, ne
put s'empêcher de reconnaître la supériorité des plans qui
avaient présidé à l'attaque.

L'Empereur attacha dès lors le général Niel à sa personne et
le nomma son aide de camp. De ce moment datent les missions
de confiance dont il l'a chargé à diverses reprises. En janvier
1855, à la suite de ce rude hiver pendant lequel les opérations
de la campagne en Crimée avaient dû forcément se ralentir,
au moment où les hostilités allaient être reprises, il l'envoya
visiter les travaux d'attaque de Sébastopol. Le général s'acquitta de cette inspection avec la précision, la sûreté de coup
d'œil et la perspicacité qui le caractérisent.

Les renseignements qu'il transmit à l'Empereur sur la situa-

tion des travaux d'investissement eurent une influence décisive
sur le résultat de notre expédition. De ce jour les opérations
de l'armée reçurent une impulsion plus vigoureuse ; de nou-
velles troupes furent envoyées en Crimée, commandées par des
généraux, tels que Mac-Mahon et Pélissier, qui avaient fait
leurs preuves en Afrique, et dont la résolution, l'activité, éga-
laient les capacités. Le général Niel leur fut adjoint en qualité
de commandant en chef du génie.

Il arriva en 1855 à Kamiesh, au moment où les Russes
travaillaient à relier la tour Malakoff avec la ville. Après
avoir étudié le terrain, le général Niel déclara immédia-
tement au général Canrobert, dans un conseil de guerre, que
cet ouvrage était la clef de Sébastopol, et que le jour où l'on
s'en emparerait, la ville serait prise. Ces prédictions se sont
réalisées : la tour Malakoff prise, Sébastopol ne put être dé-
fendu. Mais pour emporter une place aussi bien armée, aussi
habilement fortifiée, il fallait avoir recours à la stratégie la
plus compliquée, la plus savante ; mettre en œuvre des moyens
d'attaque proportionnés aux moyens de défense. En outre des
travaux proprement dits de siége, on s'occupa donc immédiate-
ment de préparer des routes spacieuses pour la grosse artillerie
et les grands charrois de l'armée. Entrepris au commencement
de la campagne, à 900 mètres environ de la place, ces divers

travaux finirent peu à peu par s'en approcher jusqu'à 25 mètres, sous le feu continuel de l'ennemi. Stimulées par l'exemple
de leur chef, les troupes du génie ont montré, dans ce siége
extraordinaire, une patience, un sang-froid inaltérables : ja-
mais, malgré les pertes nombreuses qu'elles ont essuyées,
elles n'ont paru découragées ni inquiètes du succès. En-
fin, le 8 septembre, comme on le sait, Malakoff et Sébastopol tombèrent sous les efforts combinés de nos héroïques
soldats.

« Ainsi s'est terminé, disait le général Niel dans une de ses
dépêches, ce siége mémorable, dans lequel les moyens de la
défense et ceux de l'attaque ont atteint des proportions colos-
sales. Les Russes avaient plus de huit cents bouches à feu en
batterie, et une garnison dont ils faisaient varier à volonté la
force et la composition. Après la quantité de projectiles qu'ils
nous ont envoyés, on est surpris de voir qu'ils en étaient encore
largement approvisionnés, et j'ai lieu de croire qu'ils ont laissé
plus de quinze cents pièces dans la place.

« L'armée assiégeante avait en batterie, dans les diverses
attaques, environ sept cents bouches à feu, qui ont tiré plus
de seize cent mille coups. Nos cheminements, exécutés en
grande partie dans le roc, au moyen de la poudre, présentent
un développement de quatre-vingts kilomètres (20 lieues). On

a employé quatre-vingt mille gabions, soixante mille fascines et près d'un million de sacs à terre. »

En effet, lorsque les alliés entrèrent triomphalement dans la place, ils y trouvèrent un matériel supérieur encore aux prévisions du général Niel : quatre mille bouches à feu, cinquante mille boulets, quelques projectiles creux, beaucoup de mitraille, beaucoup de poudre, malgré les explosions ; cinq cents ancres, vingt-cinq mille kilogrammes de cuivre, deux machines à vapeur de trente chevaux et une quantité de mâts sciés pour blindages tombèrent en notre pouvoir. Mais, ce qu'il faut surtout signaler, c'est que la paix allait être la conséquence la plus précieuse de ce glorieux fait d'armes. Aussi le pays doit-il confondre et a-t-il toujours confondu, en effet, dans la même reconnaissance, et les intrépides généraux chargés de l'attaque et le commandant du génie qui en avait si laborieusement et si intelligemment préparé le succès.

A l'issue du siége dans lequel il avait rendu de si éminents services, le maréchal Niel fut nommé grand' croix de la Légion d'honneur et appelé à siéger dans le Sénat, au milieu des plus hautes illustrations militaires et civiles de l'Empire. Il a publié depuis lors une relation du siége de Sébastopol, écrite au point de vue du génie militaire, et qui fait autorité aux yeux des plus savants officiers de cette arme.

Lorsque le mariage du prince Napoléon avec la princesse Clotilde de Sardaigne fut projeté, l'Empereur chargea le général Niel des négociations relatives à cette alliance. L'importance politique qu'elle devait avoir donnait la mesure de la confiance que S. M. a placée dans les talents et dans le dévouement de son aide de camp. Il s'acquitta du reste de cette mission si délicate avec son habileté, son tact et son bonheur ordinaires. Un peu plus tard, lorsque le prince Napoléon se rendit à la cour de Victor-Emmanuel pour aller chercher son auguste fiancée, le général Niel accompagna S. A. I., et remit, le 24 janvier, en présence de toute la cour du Piémont, au roi Victor-Emmanuel, la lettre autographe par laquelle l'Empereur lui demandait officiellement la main de la princesse Clotilde pour le prince Napoléon.

Ce dernier repartit bientôt pour la France, mais le général Niel avait une seconde mission à remplir. Il resta encore plusieurs jours en Piémont, visita les places et les fortifications du pays, assista des conseils de son savoir et de son expérience le roi Victor - Emmanuel, et rédigea le mémoire dont nous avons parlé plus haut, destiné à faire connaître les moyens de défense dont le Piémont pouvait disposer dans le cas d'une invasion autrichienne. On sait quelle prompte et utile application a reçu cet important travail.

Placé par l'Empereur à la tête du 4ᵉ corps de l'armée d'Italie, le savant spécialiste, l'adversaire et le vainqueur de Totleben, a su se montrer l'égal des tacticiens les plus habiles, et de nos généraux d'infanterie les plus en renom.

L'un des premiers, il a été appelé sur le théâtre de la guerre et a visité dès les derniers jours du mois d'avril, avec le roi Victor-Emmanuel et le maréchal Canrobert, les fortifications élevées en arrière de la Dora Baltea par le général Menabrea.

Le 4ᵉ corps d'armée occupait la gauche de la ligne défensive de l'armée française et se tenait prêt à opérer une vigoureuse pointe dans l'ouest de la Lombardie, si la marche rapide et victorieuse de Garibaldi n'avait eu un aussi brillant succès. Lorsque le mouvement offensif des alliés se dessina, et que se fit cette remarquable conversion de Montebello sur Verceil qui ouvrit la série de nos triomphes, le corps d'armée du général Niel fut désigné pour s'emparer de Novare, où il entra le 1ᵉʳ juin, et précéda de quelques heures l'arrivée de l'Empereur.

Tout le monde sait la part glorieuse que le général Niel a prise à la bataille de Magenta. La division Vinoy, du 4ᵉ corps, appelée par l'Empereur au moment où elle venait de prendre son bivouac à Trecate, parcourut au pas de course la distance qui sépare Trecate de Ponte-Nuovo di Magenta, et vint la première au secours de la garde impériale, qui soutenait vaillamment, depuis plusieurs heures, le choc d'un ennemi supérieur en nombre. L'impétueux élan de cette division contribua à assurer le succès de la journée.

A la suite de la bataille de Magenta, le 4ᵉ corps se joignit au gros de l'armée, et le *Moniteur*, en nous apprenant la promotion du général Niel au maréchalat, vient de nous faire connaître les nouveaux titres qu'il s'est acquis à l'admiration de l'armée et de la France.

Nous croyons devoir donner ci-après la composition du 4ᵉ corps de l'armée d'Italie. Il est formé de trois divisions d'infanterie et d'une brigade de cavalerie :

1ʳᵉ division : général Vinoy, commandant. — 1ʳᵉ brigade , général Ladreyt de La Charrière, 6ᵉ chasseurs à pied, 52ᵉ et 73ᵉ de ligne. — 2ᵉ brigade : général de Martimprey, 85ᵉ et 86ᵉ de ligne.

2ᵉ division : général de Failly, commandant. — 1ʳᵉ brigade : général O'Farrel, 15ᵉ chasseurs à pied, 2ᵉ et 53ᵉ de ligne. — 2ᵉ brigade : général Saurin, 55ᵉ et 76ᵉ de ligne.

3ᵉ division : de Luzy Pelissac, commandant. — 1ʳᵉ brigade : général Douay, 5ᵉ chasseurs à pied, 30ᵉ et 49ᵉ de ligne. — 2ᵉ brigade : général Lenoble, 6ᵉ et 8ᵉ de ligne.

Cavalerie. — Général N..., 2ᵉ et 10ᵉ régiments de chasseurs.

Les troupes de la division Vinoy et celles de la division Luzy-Pelissac ont toutes fait la campagne de Crimée.

EN VENTE:

Biographie de Garibaldi, avec portrait ;

Biographie du Maréchal Mac-Mahon et des Généraux Espinasse et Cler, avec portraits.

SOUS PRESSE:

S. M. l'Empereur Napoléon III;

S. M. Victor-Emmanuel, roi de Sardaigne;

M. le Maréchal Regnault de Saint-Jean d'Angély;

M. le Maréchal Baraguay-d'Hilliers;

M. le Maréchal Canrobert;

S. A. I. le prince Napoléon.
